Geborgene Kinder *praktisch*

Grundgesund

MIX
Papier aus verantwortungsvollen Quellen
Paper from responsible sources
FSC® C105338

Julia Dibbern

Geborgene Kinder *praktisch*

Grundgesund

SOLUTIONS

Achtung:

Ich bin weder Ärztin noch Biologin und habe auch keine sonstige medizinische Ausbildung. Dieses Büchlein schreibe ich nicht einmal in meiner Funktion als neutrale Journalistin. Ich schreibe es einfach als Mutter, die an manchen Stellen eins und eins zusammen gezählt und ein gutes Ergebnis erzielt hat. Sämtliche Informationen in diesem Büchlein sind nach bestem Wissen und Gewissen zusammengestellt, aber natürlich immer im Einzelfall zu prüfen.

Was ich hier schreibe, ersetzt keinesfalls den Rat eines Arztes.

Ich bin eine große Freundin von Selbstverantwortung.

Entsprechend ist es an dir, aus dem, was ich schreibe, das herauszuziehen, was für dich stimmt und es so umzusetzen, wie es für dich richtig ist.

ISBN 9783848259397

Herstellung und Verlag: BoD – Books on Demand, Norderstedt
Umschlagfoto: Slobodan Vasić, istockphoto
Umschlaggestaltung: Julia Dibbern
Lektorat: Bianka Blavustyask

www.juliadibbern.de

Inhaltsverzeichnis

Es lebe die Revolution!

Die Ideen in diesem Buch sind revolutionär.

Sie sind uralt, älter als die Menschheit selbst. Und gleichzeitig sind sie bei allem, was derzeit auf der Kippe steht, aktueller denn je. Sie haben das Potenzial, unsere Gesellschaft radikal und tiefgreifend zu verändern und zu bereichern.

Dieses Büchlein ist Teil der Geborgene Kinder *praktisch*-Reihe aus kleinen praktischen Ratgebern, die Familien dabei helfen, das Leben leichter und schöner zu gestalten. Es unterscheidet sich allerdings ein wenig von den anderen Bänden dieser Reihe. In den anderen Bänden geht es darum, durch fünf Schritte (**V**ertrauen, **V**erstehen, **V**eränderung der Perspektive, **V**erbindung, **V**isionen statt Strafen) das Miteinander in der Familie für alle positiv zu gestalten. Das vorliegende Buch ist „körperlicher“. Ich werde hier einige Ideen zum Thema Gesundheit vorstellen, die dir vielleicht erst einmal unheimlich sind und deine Vorstellungen von dem, was „normal“ ist, ein bisschen durcheinander werfen.

Lass dich auch hier von der Kürze des Buches nicht täuschen. Es ist nichts für Feiglinge. Es ist auch nichts für Menschen, die sich gut und sicher damit fühlen, die Verantwortung für ihre Gesundheit und die ihrer Kinder an Ärzte, das Schicksal oder die Gene abzugeben. Es ist nichts für Leute, die sich mit Mittelmaß zufrieden geben. Aber *genau richtig* ist es für Familien, die das Leben in seiner Fülle leben wollen, frei und ohne Angst. Und mit einem Quäntchen Glück auch weitgehend ohne Krankheit.

Gehörst du dazu?

Herzlichen Glückwunsch! Es gibt nicht viele, die so mutig sind wie du. Du gehörst zu den Pionieren einer neuen Art des Familienlebens, in der es nicht mehr nur um das gemeinsame Überleben geht, sondern um Visionen und eine hellere, freundlichere Zukunft. Und darum, selbst Verantwortung zu übernehmen.

Ich wünsche dir viel Freude beim Lesen und viele gute Impulse für deine Familie.

Julia

Die Vorgeschichte

Sommer 1998. Ich bin 27 Jahre alt und frisch verliebt. Ich habe 20kg Übergewicht, und ich habe Asthma. Trotzdem gehe ich joggen, ab und zu, und wenn, dann richtig. Hinterher krieche ich erstickend auf allen Vieren die Treppe zu meinem Appartement hoch und krächze meinem Freund zu: „Asthma-Spray. Schnell! Bad!" Nachts versuche ich, aufrecht sitzend, irgendwie durch Mengen von Kissen gestützt, ein wenig zu schlafen. Liegen kann ich nicht, der Druck auf die Lunge wäre zu groß. Manchmal weine ich vor Verzweiflung – kaum etwas ist so grauenhaft wie über Wochen zu wenig Luft zu bekommen. Ich gehe zum Chiropraktiker, der meine vom Husten verkrampfte Wirbelsäule wieder zusammenbaut. Es hilft ein bisschen, für ein paar Tage. Ich versuche, durch Yogaübungen den Brustkorb ein bisschen zu öffnen, wenn es nachts ganz schlimm wird. Ich arbeite mich pro Sommer durch ungefähr 20 Fläschchen Asthma-Spray und sehne mich fast in meine Schulzeit zurück, als die Allergie den „Etagenwechsel" noch nicht vollzogen hatte und noch Heuschnupfen war. Gegen das, was ich jetzt durchlebe, waren die zugeklebten roten Augen, das permanente Niesen und die schlapp hängenden Haare beinahe eine Freude.

Trotz allem brauchte ich drei lange, qualvolle Jahre, um endlich auch nur in Betracht zu ziehen, was meine Mama – Heilpraktikerin – von Anfang an empfohlen hatte: „Lass mal Kuhmilch und Weizen weg." Wie sollte ich ohne meinen geliebten Käse leben? So ein schönes Stück Gouda... Abends mit dem frischen Geliebten, der gerade eine Eismaschine zum Geburtstag bekommen hatte, ein selbstgemachtes Vanille-Eis... Ich tat mich schwer.

Als ich schwanger wurde und und mein so wunderbares, heiles, perfektes Baby zur Welt kam, klickte endlich etwas in meinem Kopf. Ich wollte nicht, dass mein Kind unter Allergien litt wie ich. Und ich wollte selbst nicht länger krank sein. Ich wollte mit dem Kleinen toben und rennen können.

Es war Zeit, gesund zu werden.

Also machte ich mich auf den Weg.

Ich warf radikal alles das aus meinem Leben, was mich krank machte. Eine Zeitlang wurde ich dadurch für meine Umwelt recht schwer erträglich, wie das manchmal so ist, wenn man etwas Gutes neu entdeckt hat. Aber mein Leben war gut. Ich aß Obst und Gemüse, trank Saft aus Gras und grünen Blättern, nahm in sehr kurzer Zeit 20kg ab und gesundete. Meine Haare und Nägel wurden kräftiger, meine Haut klar.

Ich wanderte mit meinem Minisohn über die Felder und pflückte am Wegrand Hagebutten, pulte mit ihm Sonnenblumenkerne und knabberte Maiskolben.

Ich erinnere mich wie heute an das Gefühl der Glückseligkeit, als ich das erste Mal wieder im Sommer im Gras liegen konnte und *Luft* bekam.

Inzwischen sind 10 Jahre ins Land gegangen. Ich esse nicht immer nur noch roh, aber ich faste immer wieder und schiebe Rohkostphasen ein, wenn ich das Gefühl habe, sonst zu sehr zu „verkleben“. Manchmal dauern sie ein halbes Jahr oder länger, manchmal nur zwei Monate. Ich glaube nicht mehr daran, dass sich so eine Veränderung für jeden übers Knie brechen lässt. Manche Menschen können von heute auf morgen ihre Ernährung von McDonalds auf roh und bio umstellen. Ich gehöre nicht zu ihnen. Ich liebe Rohkost – Frohkost – aber manchmal liebe ich auch Nudeln oder das köstliche Essen von meinem Lieblingsinder. Dann esse ich es mit ausgesprochenem Genuss. Vielleicht werde ich eines Tages ganz roh essen, vielleicht auch nicht. In 10 Jahren werde ich es sagen können.

Mein Gesundheitsansatz insgesamt ist wesentlich breiter als nur die Ernährung zu betrachten. Er scheint gut zu funktionieren. Das Asthma ist jedenfalls nie wieder gekommen.

Und mein Sohn war noch nie wirklich krank.

Fit von Anfang an

Vielleicht *ist* es einfach Zufall, gute Gene, Gottesgeschenk, dass wir zuhause so gut wie keine Krankheiten kennen.

Wir kennen all das nicht, was so allgegenwärtig und normal zu sein scheint: keine Mittelohrentzündung, keine Wintergrippe, keine Schnupfenzeit. Keinen Rotavirus und keine Magen-Darm-Grippe. Wie gesagt, *vielleicht* ist das Zufall.

Vor dem Hintergrund meiner eigenen Geschichte als ehemals sehr kränkliches Kind neige ich eher zu der Vorstellung, dass ich schlicht das Glück hatte, zur rechten Zeit die richtigen Impulse zu bekommen und auch anwenden zu können, so dass mein Sohn bisher gesund aufwachsen konnte.

Ich möchte diese Impulse gern mit dir teilen, so dass du dir deine eigene Meinung darüber bilden kannst. Sie sind nicht immer mit der Meinung der Masse konform. Einige davon hast du vielleicht noch niemals gehört oder du fandest sie seltsam und extrem und nicht alltagstauglich, als du ihnen begegnet bist. In dem vorliegenden kleinen Büchlein stelle ich dir kurz und knackig mein Konzept für umfassende Gesundheit vor. Du kannst selbst entscheiden, welche Komponenten davon für dich und euch geeignet sind und welche nicht.

Wir alle wünschen uns gesunde Kinder. Klar, wir sehen unsere Liebsten lieber lachen als leiden. Und, ganz egoistisch: unser Tages- und Wochenablauf ist auch schlicht glatter, wenn wir ihn nicht um ein krankes Kind herumstricken müssen.

So oft werde ich um Rat gefragt, wenn ein Kind krank ist, und ich weiß nie so recht, wo ich anfangen soll. Es geht ja letztlich niemals nur um das Symptom, sondern immer um das Gesamtsystem. Ich bin auch keine Ärztin oder sonst irgendwie medizinisch vorgebildet (bis auf die Tatsache, dass ich vor Jahren einmal vage erwogen habe, irgendwann die Heilpraktikerprüfung abzulegen). Ich bin einfach eine Mutter, die sich die Mühe gemacht hat, viele Dinge zu hinterfragen und in Verbindung zu bringen und die damit gute Ergebnisse erzielt hat.

Und, ehrlich gesagt, weiß ich nicht einmal, wie man nach objektiver und „wissenschaftlicher“ Sicht gesund bleibt. Alles, was wir erleben, *kann* Zufall sein. Ich weiß nur, dass ich seit 35 Jahren kein einziges Antibiotikum genommen habe. Und ich weiß, dass unser nunmehr beinahe 11jähriges Kind in seinem Leben ganze zwei Mal jeweils drei Tage lang wirklich krank war, wenn man die vollkommen unspektakulär verlaufenden Windpocken abzieht.

Die erste Krankheit begann am Tag unseres Umzug in eine andere Stadt und dauerte exakt so lange an, bis ich die meisten akuten Tränen geweint hatte. Die zweite „Krankheit" traf zeitlich genau mit unserer ersten und einzigen sehr heftigen Ehekrise zusammen. Dementsprechend ist mein Glaube an einen gemeinen Virus bei diesen beiden „Erkältungen" arg begrenzt.

Für diesen kleinen Band nehme ich daher einfach einmal an, dass Gesundheit nicht etwa Zufall ist, sondern dass wir das Glück hatten, zur rechten Zeit die richtigen Informationen zu bekommen und so einige Dinge von vornherein „gesundheitstauglich" gestalten konnten.

Diese Informationen biete ich dir in aller Demut an, wissend, dass es immer Krankheiten und Lebensthemen gibt, die größer sind als andere, die sich nicht einfach wegzaubern lassen.

Aber auch, wenn du in einer solchen „größeren“ Lebenssituation bist, findest du hier vielleicht Anregungen, wie du dir und deinem Kind das Leben leichter machen kannst. Ich wünsche mir das für dich.

Ein neues Denken

Wenn du nach Büchern zum Thema „gesund von Anfang an“ suchst, wirst du in der Regel nicht etwa Bücher finden, die beschreiben, wie ein kleiner Mensch gesund *bleibt*, sondern viel mehr, wie man ihn bei Krankheiten und Zipperlein unterstützt. Bücher über Gesundheit werden in unserem Denken fast automatisch gleichsetzt mit Büchern über Heilmethoden. All diese Heilmethoden gehen wie selbstverständlich davon aus, dass Heilung notwendig ist. Ich schlage vor, dass wir einen Schritt weiter gehen.

Gesundheit bedeutet für mich nicht, sich gut mit Wickeln und Kügelchen auszukennen. Es bedeutet auch nicht, morgens verknötert aus dem Bett zu kriechen und den Tag irgendwie ohne Schnupfen und Kopfschmerzen zu überstehen. Gesundheit ist strahlendes Wohlbefinden, Beweglichkeit, Lebenslust – und der eigentlich natürliche Zustand. Wir werden von der Natur nicht fehlerhaft ausgeliefert. In dem kleinen Buch hier geht es deswegen darum, wie du mit 7 Grundbausteinen diese ursprüngliche Gesundheit erhalten und Krankheiten hoffentlich von vornherein vermeiden kannst.

Du wirst, wie erwähnt, einiges möglicherweise herausfordernd finden. Beispielsweise bitte ich dich, einige Glaubenssätze, mit denen du wahrscheinlich aufgewachsen bist, mutig über Bord zu werfen. Wenn du dich dazu nicht überwinden kannst, dann schieb sie zumindest für die Dauer dieses Buches ein wenig zur Seite, so dass du in deinem Kopf Platz hast, die Ideen in diesem Buch zu erforschen.

Alter Glaubenssatz 1:

Krankheiten sind schlecht. Sie sind eine schicksalhafte Plage und müssen bekämpft werden.

Neues Denken:

Krankheiten zeigen uns, wo wir etwas zu tun haben. Sie eröffnen uns Wachstumschancen, die wir sonst übersehen hätten bzw. zuvor übersehen haben.

Alter Glaubenssatz 2:

Viren und Bakterien sind böse und machen uns krank. Sie müssen im Haushalt mit antibakteriellen

Putzmitteln und im Körper mit Antibiotika ausgemerzt werden.

Neues Denken:

Viren und Bakterien sind Teil der Natur und tun ihre Arbeit. Bakterien räumen in deinem Körper Verschleimungen und Dreck weg, die durch Stress und ungünstige Ernährung entstanden sind[i]. Viren können dir nichts antun, solange dein Immunsystem intakt ist.

Alter Glaubenssatz 3:

Erkältungen sind normaler Bestandteil des Lebens und kommen durch Kälte. Man muss Kinder schön warm anziehen, damit sie nicht krank werden. Grundsätzlich bekommen kleine Kinder aber bis zu 12 Erkältungen im Jahr, das ist normal und das kann man nicht ändern.

Neues Denken

Erkältungen sind ein Versuch des Körpers, Dreck loszuwerden, der sich angesammelt hat. Wenn sie auftauchen, ist es sinnvoll, den Körper beim Aufräumen zu unterstützen (und das Kind wird sehr genau signalisieren, ob diese Unterstützung in warmem Anziehen besteht – vielleicht ja, vielleicht nein).

Alter Glaubenssatz 4:

Allergien sind Schicksal. Angeboren. Man ist Allergiker - oder man ist es nicht. Man kann nichts dagegen tun. Es gibt aber inzwischen gut verträgliche Medikamente, die nicht mehr so müde machen.

Neues Denken

Viele Allergien sind vermeidbar. Asthma, Heuschnupfen, Neurodermitis sind kein Schicksal, sondern haben vielerlei Gründe. Möglicherweise drücken sie eine seelische Schieflage aus, die vielleicht durch ein geburtliches oder sehr frühkindliches Trauma entstanden ist (z.B. „ich kann mich gegen die Welt nicht wehren“) und zeigen zudem an, dass der Körper zu viele schädliche Substanzen bearbeiten muss, derer er nicht Herr wird.

Einen letzten Punkt habe ich noch, der nur scheinbar im Widerspruch steht zu meinem Credo vom Übernehmen der Verantwortung:

Alter Glaubenssatz 5:

Alles ist mechanisch oder chemisch reparierbar. Die Medizin ist heute so weit entwickelt, dass sie für alles eine äußere Lösung hat.

Neues Denken

Es kann sehr sinnvoll sein, auftretende Krankheiten nicht medizinisch „wegzumachen“, sondern in Demut als Botschaft von Körper und Seele anzunehmen und die Entwicklungschance dahinter zu verstehen und zu nutzen versuchen. Viele Krankheiten sind durch ungünstigen Lebensstil oder eine lieblose Geisteshaltung teilweise selbst verursacht. Selbstverantwortung bedeutet *nicht*, sich selbst für eine Krankheit zu beschuldigen und klein zu machen, sondern die Entwicklungschance zu sehen, sich darüber zu freuen und daran zu wachsen.

Die Gesundheit des Menschen ist ein
Zustand des vollständigen körperlichen,
geistigen und sozialen Wohlergehens
und nicht nur das Fehlen
von Krankheit oder Gebrechen.

(Definition der Weltgesundheitsorganisation)

7 Grundgesund-Bausteine

Die Nahrung soll deine Medizin sein
und nicht die Medizin deine
Nahrung.

(Hippokrates)

Grundgesund-Baustein 1: Seelische Gesundheit

Kennst du die Geschichte von der Unterhaltung zwischen Körper und Seele, wo die Seele zum Körper sagt: „Bitte geh du vor. Auf dich wird er hören. Auf mich hört er nicht"?

Sehr oft übersehen wir das und betrachten nur die körperlichen Symptome. Aber körperliche Gesundheit hängt sehr eng zusammen mit geistiger und seelischer Gesundheit. Bei Kindern ist das noch deutlicher ablesbar als bei Erwachsenen. Sie sind noch viel durchlässiger und unmittelbarer.

Geborgenheit und haltendes Umfeld

Entsprechend wichtig ist es, ihnen ein möglichst stabiles, haltendes, liebevolles und positives Umfeld zu bieten. Dieser Punkt ist so wichtig, dass er eigentlich dick und fett wiederholt werden müsste:

Ein möglichst stabiles, haltendes, liebevolles Umfeld ist essentiell für die Gesundheit eines kleinen oder großen Menschen.

Ohne dieses Umfeld kannst du dich auf den Kopf stellen und mit den Beinen wackeln und du wirst weder bei dir noch bei deinen Kindern umfassende, strahlende Gesundheit erreichen. Ich habe schon sehr gesund ernährte, lange gestillte Kinder gesehen, die dennoch unglücklich, unausgeglichen und häufig krank waren, einfach, weil in ihrem Umfeld so viele Spannungen und Unterschwelligkeiten herrschten, dass sie für diese ein Ventil brauchten. Ich habe unglaublich gesund ernährte Erwachsene getroffen, die dennoch schwer krank waren, weil das Umfeld, das sie sich erschaffen hatten, nicht stützend und liebevoll war. Andererseits habe ich kerngesunde Kinder kennengelernt, die zwar bewusst, aber bei weitem nicht „perfekt" ernährt wurden, die aber ein stabiles, klares, liebevolles Umfeld hatten.

Es ist ein bisschen wie mit der Bindung. Sie wird *erleichtert* durch Stillen, Tragen, Familienbett usw., aber nicht dadurch *erzeugt*. Es sind nur Werkzeuge.

Die eigentliche Bindung entsteht dadurch, das Herz weit auf zu machen.

Entsprechend ist es bei strahlender Gesundheit. Sie wird durch gute Ernährung, frische Luft und die anderen Bausteine in diesem Büchlein *begünstigt*. Aber das allerwichtigste ist die innere Zufriedenheit, das innere Strahlen, das durch gesunde, liebevolle Beziehungen mit sich und der Welt entsteht und das einen (großen oder kleinen) Menschen trägt.

Zu diesem haltenden Umfeld gehört, besonders während der ersten Lebensjahre, auch die Betreuung durch die Eltern oder andere eng verbundene, sehr liebevolle und zuverlässige Bezugspersonen wie z.B. Großeltern, eng befreundete Familien oder auch eine sehr gute Tagesmutter mit entsprechend sanfter Eingewöhnung und wenigen Kindern.

Kümmere dich also, wenn du irgend kannst, rechtzeitig um den Aufbau dieses Netzes aus verlässlichen Erwachsenen. Die amerikanische Anthropologie-Professorin Sarah Blaffer Hrdy antwortete auf meine Frage, was am wichtigsten für eine natürliche Elternschaft sei: „Wirklich natürlich für Mütter ist eine Menge äußere Unterstützung.“[ii] Diese Unterstützung kommt bei unserer westlich-isolierten Lebensweise in der Regel nicht von allein, deswegen müssen wir uns selbst darum kümmern, sie zu geben und zu bekommen. Ich kann nicht genug betonen, wie wichtig es ist, diese Unterstützung zu organisieren. Menschenkinder sind nicht dazu da, von einsamen überlasteten Müttern aufgezogen zu werden. Und Menschenmütter sind nicht dazu da, einsam und überlastet allein auf ihrer Scholle zu sitzen und als einzigen Ausweg aus Einsamkeit und Überlastung die Kinderkrippe zu kennen.

Apropos Krippe. Wusstest du, dass Krippenkinder durchschnittlich (!) signifikant häufiger krank sind als „Zuhause-Kinder“? Oft wird angenommen, dies wäre darauf zurückzuführen, dass sie mehr Keimen ausgesetzt sind. Der wahre Grund ist laut Dr. Rainer Böhm, Facharzt für Neuropädiatrie, allerdings, dass sie schlicht unter wesentlich mehr Stress leiden als individueller betreute Kinder. Sie haben ihnen gegenüber massiv erhöhte Werte des Stresshormons Cortisol. schreibt Böhm in einem Artikel in der FAZ[iii]. Das Cortisol-Tagesprofil von Krippenkindern ähnele „Stressreaktionen von Managern, die im Beruf extremen Anforderungen ausgesetzt sind.“ Kein Wunder, dass sie dann anfälliger für Infektionen sind, oder?

Mir ist bewusst, dass nicht jede Mutter die Wahl treffen kann oder möchte, die ersten drei Jahre ausschließlich für ihr Kind da zu sein. Dennoch beißt die Maus einfach keinen Faden davon ab, dass die Glücksformel für ein sehr kleines Kind recht simpel ist: Kind sicher und geborgen bei Mama (und Papa und anderen liebevollen Betreuern); Mama sicher, gehalten und gestützt durch Papa; Papa wertgeschätzt und geliebt durch Mama. Mama und Papa gestützt durch ein liebevolles Netz von Tanten, Onkeln, Großeltern, Freunden. Die „anderen liebevollen Betreuer“ können durchaus eine zuverlässige empathische Tagesmutter oder eine gute Krippe einschließen. *Die Betonung liegt hier auf „empathisch“ und „gut“*. Nora Imlau, Autorin von *Crashkurs Baby*, erzählte mir zum Beispiel von der liebevollen Tagesmutter ihrer Kinder, die die Kleinen sogar im Tragetuch trug. So etwas ist phantastisch! Um eine raubeinige Tagesmutter, bei der die Kinder „da dann eben mal durch müssen“, wenn sie beim Weggehen der Eltern weinen, um eine Krippe, die mehr Aufbewahrungsstelle als angenehmer Aufenthaltsort ist, würde ich im Interesse der emotionalen Gesundheit meines Kindes einen großen Bogen machen.

In meinem Utopia haben die jungen Eltern, das hast du gemerkt, noch eine Menge andere interessante, intelligente, emotional intakte Menschen um sich, mit denen sie sich austauschen können, denen die Kinder eng verbunden sind und die die Rolle liebevoller Tanten und Onkel einnehmen, so dass die Kinderbetreuung (und das Leben allgemein) in einem stammesähnlichen Umfeld stattfinden. Für die Eltern gibt es in Utopia anregende Arbeitsmöglichkeiten, für die sowohl die Nähe zur Familie als auch eine flexible Arbeitszeit gewährleistet sind... Das Feld ist weit und an dieser Stelle ist noch viel zu tun.

So ideal(isiert) finden wir das echte Leben natürlich seltenst vor. Dennoch können wir uns bemühen, ein möglichst reiches persönliches Umfeld zu schaffen, Konflikte zivilisiert zu bearbeiten, zuhause eine grundlegend kreative, anregende, positive Stimmung zu kultivieren und vor allem unseren Kindern – und uns selbst! – so „artgerechte" Lebensbedingungen wie möglich zur Verfügung stellen. Es lohnt sich, genau zu schauen, was du für dein Kind als richtig empfindest, um anhand dessen auch dein eigenes Leben nochmal auf seine „Artgerechtheit" überprüfen zu können. Vielleicht gewinnst du aus der Auseinandersetzung mit dem Thema auch für dein eigenes Leben ganz neue Impulse.

Schmerz anerkennen

Zur seelischen Gesundheit gehört neben einem Halt gebenden Umfeld auch, Schmerzen zeigen und loslassen zu dürfen. Im Schmerz angenommen zu sein, ohne beruhigt, getröstet, abgelenkt zu werden. Einfach weinen zu dürfen, ist sehr wichtig.

Wie oft höre ich den Satz „So schlimm ist das doch nicht, nun hör schon auf zu weinen“ in der einen oder anderen Form. Aber woher will Mutter, Vater, Tante wissen, wie schlimm es (was auch immer „es“ gerade ist) *für das Kind* ist? Selbst, wenn es für uns aussah wie ein winzigkleiner Stupser, kann es für ein Kind das Ventil sein, einen viel größeren Schmerz rauszuweinen: den Stress nach einer langen Fahrt, den Stress nach einem Familienstreit, den Kummer, Mama mit einem Geschwisterchen teilen zu müssen, den Schmerz, dass der beste Freund lieber mit jemand anderem spielt... Es gibt unendlich viele Gründe. Wir können sie nicht alle kennen oder verstehen.

Was wir aber tun können: Wir können anerkennen, dass Schmerz da ist und raus muss.

Es ist nicht einmal notwendig, zu wissen, worum sich der Kummer gerade dreht. Wenn dein Kind eine furchtbare Verletzung hat, wirst du es aller Wahrscheinlichkeit nach merken oder dein Kind wird es dir sofort zeigen. Bei allem anderen ist es schlicht deine mütterliche oder väterliche Neugierde, die befriedigt werden will, wenn du fragst: „Was ist los? Was ist passiert?"

Falls dein Kind nicht von sich aus erzählt (oder noch nicht erzählen kann), kannst du dich fragen: *Muss* ich wirklich wissen, was geschehen ist? Wer wann wem Unrecht getan hat? Wo genau es weh tut?

Meiner Erfahrung nach ist es einfacher und viel wirksamer, *einfach da zu sein*. Auf dem Boden zu sitzen, vielleicht die Arme ausgebreitet, und das Kind auf den Schoß kommen zu lassen, um sich auszuweinen. Nicht zu fragen, was los ist, nicht zu bewerten und zu diskutieren, nicht den Schmerz wegzureden, wegzutrösten, sondern schlicht da zu sein und Wärme und Halt anzubieten. Wenn sich das für dich gut und natürlich anfühlt, kannst du dabei auch mitfühlende Leute von dir geben, ein Brummen oder Summen oder einfach ein „Jaaaaaaaaa". Wenn du magst, kannst du dein Kind auch ermutigen: „Ja. Wein es raus. Immer raus mit dem Schmerz/Ärger." So eine Ermutigung kann besonders wichtig sein, wenn du bisher dazu geneigt hast, Kummer oder Schmerzen deines Kindes lieber wegzutrösten.

Erste Hilfe bei Schieflagen

Was kannst du tun, wenn sich im Seelenleben deines Kindes oder in eurem Familienleben schon eine Schieflage eingeschlichen hat?

Zunächst einmal ist es wichtig, zu sehen, dass schräges Verhalten oder auch Krankheiten ein Signal, eine Botschaft sind. Natürlich kann man „Fehlverhalten" bestrafen, „gutes" Verhalten mit Sternchensystemen belohnen und Krankheiten mit Medikamenten behandeln. Wenn du das tun möchtest, ist es dein gutes Recht und deine freie Wahl und ich habe absolut kein Interesse daran, dir da reinzureden. Es kann allerdings sein, dass dieses Büchlein dann nicht das Richtige für dich ist.

Wenn du an der Oberfläche arbeitest, bleibt die eigentliche Ursache unter der entsprechenden Schräglage unbeachtet und kann sich eventuell verhärten oder einschleifen und Jahre später als chronische Krankheit zeigen.

Natürlich sind wir alle nicht perfekt und nicht gefeit davor, an dieser Stelle Dinge zu übersehen oder „falsch" zu machen. Das ist überhaupt nicht schlimm, solange wir das ganze System im Blick behalten und bei Krankheiten oder Unwohlsein eben nicht nur an Viren oder Bakterien, sondern vor allem an die seelische Verfassung des „Patienten" denken.

Vielleicht kann dein Kind direkt mit Worten ausdrücken, wo es klemmt. Wahrscheinlicher ist, dass du es mit detektivischem Scharfsinn und viel Feingefühl herausfinden musst. Je näher beispielsweise Bauchschmerzen am Nabel sind, desto wahrscheinlicher ist, dass sie eine psychische Ursache haben. Falls du allein nicht weiterkommst, kannst du auch ein Buch zu Rate ziehen. Einige Autoren haben sich inzwischen mit der Frage beschäftigt, welches Symptom möglicherweise Zusammenhänge mit welcher seelischen Ursache hat. Ich habe in meinem Leben festgestellt, dass zumindest Louise Hay mit ihrem Büchlein *Heile deinen Körper*[iv] selten daneben gelegen hat.

Manchmal ist es aber auch gar nicht nötig, zu wissen, was das Problem ist. Ich weiß von mir, dass ich gern Gründe finde, die mein Kopf einordnen und verwalten und in Schubladen stecken kann. Wenn es dir auch so geht, kannst du versuchen, dich von diesem Muster bewusst zu entfernen. Wenn du siehst, dass es deinem Kind akut elend geht, breite deine Arme aus (oder lade es auf eine andere Weise zu dir ein) und fang es einfach auf. Sei der sichere Hafen. Trag es Huckepack. Massier ihm den Rücken. Sei für dein Kind da. Das reicht oft schon.

Wenn du das Gefühl hast, Hilfe von außen zu benötigen, halte ich es für sinnvoll, wenn du erst einmal einen guten Naturheilarzt oder Heilpraktiker (Osteopath, Homöopath etc.) suchst, bevor du zu den harten Mitteln greifst. Mit richtig angewandter Homöopathie z.B. lassen sich auch tiefe seelische Verletzungen an die Oberfläche holen.

Grundgesund-Baustein 2: Schwangerschaft und Geburt

Alsdann, nach der seelischen Gesundheit geht es nun auf in die Körperlichkeit. Während einerseits Schwangerschaften immer überwachter und Geburten immer technisierter werden, gibt es gleichzeitig auch einen Pendelausschlag zur anderen Seite. Es werden immer mehr Menschen, die sich darauf besinnen, dass die Urerlebnisse in Schwangerschaft und Geburt unser Empfinden und unsere Gesundheit entscheidend prägen können und dass es deswegen ganz und gar nicht egal ist, wie wir geboren werden.

Eigene Traumata auflösen

Mir ist klar, dass es selbstverständlich gerade um die Geburt herum Themen gibt, die zu groß oder zu beängstigend sind, als dass sie schnell bearbeitet werden könnten.

Wenn du die Geburt noch vor dir hast, kann ich aus eigener bitterer Erfahrung nur sagen: Geh *vor* der Geburt an mögliche Widerstände ran, wenn du irgend kannst! Ich muss das noch einmal wiederholen: **Trau dich *vor der Geburt* an deine blinden Flecken heran!** Wenn deine eigene Geburt furchtbar war oder du aus einem anderen Grund verkrampft und ängstlich bist, scheu dich nicht, auch die Hilfe eines Therapeuten oder einer Therapeutin in Anspruch zu nehmen. Das ist keine Schande, sondern im Gegenteil ein Zeichen von Größe und Mut.

Körper aufräumen

Sieh auch zu, dass dein Körper insgesamt fit und aufgeräumt ist und programmier dich selbst nicht auf Drama, sondern auf ein feines, ganz besonderes Erlebnis. Die Geburt deines Kindes ist nichts Wiederholbares. Du gehst nicht mal eben ins Kino oder machst eine anstrengende Urlaubsreise.

Du bringst einen neuen Menschen in die Welt und gibst ihm Urprägungen für ein ganzes Leben mit!

Es lohnt sich wirklich, für eine möglichst unbelastete Schwangerschaft und eine möglichst natürliche Geburt alles zu tun, was in deiner Macht steht. Hinten in der Literaturliste findest du Inspirationsquellen dazu.

Erste Hilfe

Was kannst du tun, wenn Schwangerschaft und Geburt nicht wirklich rosa waren?

1. Bleib demütig und verabschiede dich am besten noch vor der Geburt von der Idee der Machbarkeit. Vertrau darauf, dass *genau diese* Schwangerschaft, *genau diese* Geburt der Weg deines Kindes sind und dass genau diese Stolpersteine, die es jetzt zu bewältigen hat, deinem Kind die Fähigkeiten geben werden, die es für seine Lebensaufgabe braucht. Mag sein, dass das „schöngesoffen" ist, aber das finde ich besser, als sich zu zermartern. *Bitte mach dir keine Selbstvorwürfe in irgendeiner Richtung!* Damit ist niemandem gedient. Ehre dich selbst dafür, dass du dein Bestes gegeben hast und sei dir bewusst, dass es *genau richtig* ist. Nur so

hast du die Kraft, eventuelle Geburtstraumata bei dir und/oder deinem Kind anzuerkennen, wahrzunehmen und letztlich zu bearbeiten.

2. **Vertraue auch darauf, dass die Natur vieles repariert.** Sie hat Notfallprogramme für allerlei Irrungen und Wirrungen eingerichtet und den Menschen sehr flexibel gestaltet. Sie ist stark! Wäre sie das nicht, wären wir längst ausgestorben. Die Notfallprogramme sind in den meisten Fällen nicht ideal, sie kosten Kraft, sie lassen uns meist nicht das Optimum erreichen – aber sie lassen uns leben, überleben und auch glücklich sein. Verabschiede dich vom Perfektionismus.

3. Wenn dein Kind offensichtlich unter seiner Geburt leidet oder dadurch Schaden genommen hat, wenn es z.B. sehr viel weint oder unruhig ist, hast du vielleicht das Gefühl, praktisch etwas tun zu wollen oder zu müssen, um ihm zu helfen. Ich schlage vor, du schaust bei dir vor Ort, welche Möglichkeiten verfügbar und für euch von der Art der angebotenen Therapie und vom Zwischenmenschlichen her passen. In vielen Regionen gibt es eine Famili-

enzeitung, in der Termine, Angebote und vieles mehr für Familien zu finden sind. Dort wirst du wahrscheinlich auch fündig, was mögliche Unterstützung bei der Heilung eures Geburtstraumas angeht. Vielleicht hat dein Kinderarzt auch eine gute Idee dazu oder kennt sich auch selbst z.B. mit Homöopathie aus.

Cranio Sacral Therapie/Osteopathie

Besonders nach Kaiserschnitt-, Zangen-, Saugglocken- oder Kristellergeburten kann es wichtig sein, die kleine Wirbelsäule noch einmal auf vorsichtige Weise daran zu erinnern, in welche Position sie eigentlich gehört. Inzwischen gibt es sogar Geburtskliniken, die für alle bei ihnen geborenen Babys eine kostenlose osteopathische Erstbehandlung anbieten. Du brauchst keine Angst vor „Einrenken" oder „Knochenknacken" zu haben, das wird kein halbwegs verantwortungsvoller Therapeut tun (außerdem bist du ja dabei und kannst im Vorfeld deine Ängste besprechen). Besonders sanft ist dabei die Cranio Sacral Therapie, bei der der Therapeut oder die Therapeutin im Wesentlichen die Hände an bestimmten Stellen auflegt und durch ganz behutsame Berührungen die Wirbelsäule aufrichtet.

Homöopathie

Auch mit Homöopathie kannst du viel erreichen. Aber – auch wenn ich sonst ein großer Fan des Selbstmachens bin – bitte gib deinem Kind nicht die erstbesten Kügelchen, die du aus einem Selbsthilfe-Ratgeber herausgesucht hast, sondern frag jemanden um Rat, der sich damit auskennt! Das kann deine Hebamme, deine Kinderärztin oder jemand anderes sein.

Erde, Wasser, Feuer, Luft

Was meiner Erfahrung nach eigentlich immer und in jeder Lebenssituation hilft, ist direkter Kontakt mit den Elementen. (Bei Neugeborenen sind das in der Regel wahrscheinlich zunächst Erde, Luft und Wasser.)

Im Zusammenhang mit der Geburt ist besonders das Wasser interessant. Geh mit deinem Baby in die warme Badewanne oder (wenn es alt genug ist) ins Schwimmbad. Halte es und lass es im Wasser schweben, die Wärme und Schwerelosigkeit spüren und gleichzeitig deinen Halt und deine Haut.

Oder leg dich mit deinem Baby im Garten auf eine Baumwolldecke und genieße mit ihm gemeinsam die Nähe zur Erde.

Geburtsspiele

Vielleicht entwickelt dein Kind auch irgendwann selbst Spiele, die im Zusammenhang mit seiner Geburt stehen.

Es kann zum Beispiel sein, dass es gern unter dein T-shirt oder deinen Pullover kriecht und dort von deinen Armen umfangen einfach zusammengerollt liegt, um dann irgendwann wieder unten hervorzukrabbeln. Oderr dass es besonders gern unter der Bettdecke zusammengerollt auf deinem Bauch liegt. Was auch immer dein Kind sich diesbezüglich ausdenkt: Es ist gut, wenn du sein Bedürfnis anerkennst, mit dir auf diese Weise zu spielen. Lass dich auf solche körperlichen Spiele ganzen Herzens ein – je körperlicher, desto besser.

Natürlich ist mit diesen Punkten das Thema Geburt (bzw. Geburt im Zusammenhang mit allgemeiner Gesundheit) nicht annähernd erschöpfend besprochen. Es sollen auch nur Anregungen für dich sein, zu schauen, an welchen Stellen sich das genauere Hinschauen und Kreativwerden gegebenenfalls lohnen kann.

Grundgesund-Baustein 3: Stillen

„Über ein halbes Jahr stillen?! Ich bin doch keine KUH!“
„Stimmt“, habe ich dann immer gesagt. „Ich auch nicht. Und mein Kind ist auch kein Kalb. Deswegen bekommt es Menschenmilch und keine Kuhmilch.“

Stille dein Kind, wenn du irgend kannst!

Falls es dir schwer fällt, besorge dir eine Stillberaterin (Adressen im Anhang). Damit sparst du nicht nur jetzt richtig viel bares Geld, das sonst für Milchpulver draufginge, sondern du sparst auch das Geld, das du oder deine Krankenkasse sonst für Medikamente ausgeben würdest – und das ist unter Umständen auch nicht wenig.

Warum stillen?

Die Natur hat sich mit der Muttermilch etwas sehr Geniales einfallen lassen! Sie gibt einem kleinen Menschen so viel Gutes als Startgeschenk mit, an das keines der Ersatzprodukte herankommt. Wir können – wir sind, wie gesagt, mit allerhand Notfallprogrammen ausgestattet – mit Ersatzprodukten überleben, wachsen und gedeihen, aber in diesem Buch geht es nicht um den Notfall, sondern um das Ideal.

Im nächsten Absatz findest du eine Auflistung der gesundheitlichen Pluspunkte, die Stillen deinem Kind gegenüber der Flaschennahrung bietet. Es ist wichtig, bei den folgenden Angaben im Hinterkopf zu behalten, dass es sich um *Durchschnittswerte* handelt, da immer viele verschiedene Faktoren zusammenwirken. Also, *statistisch* haben gestillte Kinder[v] im Vergleich mit Flaschenkindern

- bessere Widerstandsfähigkeit gegen Krankheiten
- weniger Allergien
- eine bessere Kiefer- und Sprachentwicklung/ weniger Zahnfehlstellungen
- seltener Ohrinfektionen
- später weniger Adipositas und andere Süchte
- ein geringeres Risiko, an SIDS zu sterben

Diese Punkte allein sind es schon wert, sich möglichst um das Stillen zu bemühen. Und, wenn irgend möglich, still dein Kind länger als zwei Wochen oder drei Monate, sondern tatsächlich so lange, wie es die Weltgesundheitsorganisation empfiehlt: sechs Monate voll und bis mindestens zum zweiten Geburtstag weiter.

Wichtig wichtig oberoberwichtig:

Falls das Stillen auch mit einer einfühlsamen Stillberaterin und all deinem Engagement zum Trotz nicht klappt, sei dir selbst nicht böse! Die Natur repariert, wie gesagt, sehr vieles wieder und du findest in diesem Büchlein und in der weiterführenden Literatur eine Menge Anregungen, wie man ihr dabei helfen kann.

Wie lange stillen?

Zurück zur Stilldauer: Die offizielle Empfehlung der Weltgesundheitsorganisation lautet, mindestens 6 Monate voll zu stillen (das bedeutet, auch kein Wasser oder Tee zu geben), danach mindestens bis zum zweiten Geburtstag weiter und dann so lange, wie

Mutter und Kind es wünschen. Die meisten Menschen in Westeuropa finden das sehr lange. Für uns ist der Anblick eines gestillten Kleinkindes ungewöhnlich – aber wenn wir überlegen, wie es aussähe, würden unsere Kleinen direkt am Kuheuter saugen, dessen Inhalt wir im Supermarkt schön sauber verpackt aus der Kühltruhe holen, relativiert sich das Ungewöhnliche recht schnell. Wenn wir dazu noch mit bedenken, unter welchen Umständen die meisten Kühe leben müssen, denen wir Milchpulver und Tetrapacks verdanken, wenn wir nicht mehr die Augen davor verschließen, dass ihnen ihre Kälbchen – ihre Babys – weggenommen werden, damit wir ihre Milch trinken können, wird die Mutterbrust gleich nochmal um einiges attraktiver.

Inzwischen wird oft empfohlen, bereits nach dem vierten Monat Beikost zu geben. Dies beruht auf einem Missverständnis. Die Weltgesundheitsorganisation WHO hat ihre Empfehlung für die Dauer des Vollstillens erst 2011 noch einmal bekräftigt, und die deutsche Nationale Stillkomission sieht das ähnlich: Je nach Beikostreife des Kindes soll Beikost ab dem 7. Lebensmonat, aber auf keinen Fall vor dem 5. Lebensmonat gegeben werden. Woran aber erkennst du diese „Beikostreife" – sprich, woher weißt du, ob das begeisterte Greifen nach dem Essen wirkliche Bereitschaft zum Essen anzeigt oder dein Baby einfach deine Gesten nachahmt und sich Dinge in Richtung Mund schiebt, weil alle anderen Familienmitglieder dies auch tun?

Der richtige Zeitpunkt für Beikost

Nach Empfehlungen der Stillberatungsorganisation *La Leche Liga* sollte ein Kind *keine Beikost* bekommen, bevor es nicht mindestens diese Anzeichen erfüllt:

- Es ist in der Lage allein aufrecht zu sitzen
- Der Zungenstreckreflex (mit dem das Baby feste Nahrung wieder aus dem Mund schiebt) ist nicht mehr oder nur noch sehr schwach ausgeprägt: Es ist *nicht* „soooo niedlich“, wenn Kinder durch diesen Reflex den Inhalt des Möhrengläschens auf ihrem Gesicht verteilen – sie sind dann schlicht biologisch noch nicht bereit für Beikost.
- Das Baby kann selbstständig Nahrung in die Hand nehmen und in den Mund stecken

- Das Stillbedürfnis ist gesteigert und lässt sich nicht auf Zahnen, Krankheit oder Stress zurückführen. (Persönlich muss ich sagen, dass ich mit dieser Empfehlung nie viel anfangen konnte. Wer kann schon definitiv all diese Faktoren ausschließen? Normalerweise lässt ein gesteigertes Stillbedürfnis auf einen Wachstumsschub schließen, wobei sich die Milch innerhalb weniger Tage an das erhöhte Bedürfnis anpasst – also kein Grund zuzufüttern.)

Wenn du also auf einem Babynahrungsgläschen oder auf einer Breipackung die Angabe „ab dem 4. Monat“ findest, dann überprüfe am besten zunächst bei deinem Baby diese Zeichen für Beikostreife. Wir sollten uns einfach darüber klar sein, dass wir es bei Nestlé und Co nicht mit netten onkelhaften Babyhelfern zu tun haben, denen nichts mehr am Herzen liegt als die Gesundheit unserer Kinder, sondern mit gigantischen Konzernen, die schlicht sehr großes Interesse daran haben, die Kinder möglichst früh auf den Konzerngeschmack zu programmieren. Und wann sollte das Training auf den Konzerngeschmack besser gehen als im Babyalter, wenn der kleine Organismus biologisch überhaupt noch nichts Artfremdes erwartet, wenn er sozusagen davon ausgeht, dass alles, was kommt, gut und von Mama überprüft ist?

Da jedes Baby sich in seinem eigenen Tempo entwickelt, kann also so pauschal nicht gesagt werden, wann der Zeitpunkt da ist, an dem ein Kind etwas anderes als Muttermilch zu essen bekommen sollte, darf, kann.

Welche Mahlzeit ersetzen?

Eine häufige Frage ist: „Welche Mahlzeit soll ich zuerst ersetzen? Das Mittagsstillen?“

Nun, es heißt nicht ohne Grund *Bei*kost und nicht *Anstatt*kost! Das heißt, es sollte gar keine Mahlzeit ersetzt werden, sondern der Speiseplan lediglich nach und nach erweitert werden, *während weiter gestillt wird.*

Wenn du nach Bedarf stillst, geht es dir vermutlich ohnehin ähnlich wie es mir ging: Es gibt keine definierten „Mahlzeiten“ und kein Tag ist ganz wie der andere. Mal stillt dein Baby weniger, mal trinkt es mehr. Mal schläft es weniger, mal schläft es mehr.

- keine feste Nahrung vor Erreichen der Beikostreife
- keine feste Nahrung vor Erreichen der Beikostreife!
- keine feste Nahrung vor Erreichen der Beikostreife!!!
- erst danach kleine Mengen festes Essen zusätzlich zum Stillen geben

Besonders, wenn in deiner Familie Allergien umgehen (und in welcher Familie ist das heute nicht so?), solltest du darauf achten, dass du neben dem Essen weiter stillst.

Einen sehr empfehlenswerten Artikel über die neuesten wissenschaftlichen Erkenntnisse und Empfehlungen zum Thema Allergieprophylaxe findest du bei den „Rabeneltern“[vi]. Ich fasse die wesentlichen Punkte hier kurz zusammen.

1) Offenbar hat man erkannt, dass es für die Allergieprophylaxe wenig bis keine Auswirkungen hat, ob Beikost nach dem 4. oder nach dem 6. Monat eingeführt wird – solange weiter gestillt wird.

2) Bisher galt die Empfehlung, Allergene möglichst spät zu geben. Da Allergien aber immer mehr zugenommen haben, *geht man im Augenblick davon aus*, das es sinnvoller ist, auch die „üblichen Verdächtigen" wie Weizen, Fisch, Ei früher zu geben. (Wir haben das nicht getan und sehr gute Erfahrungen damit gemacht. Bei uns gab es keinen Weizen, keine Eier, keine Kuhmilch und keinen Zucker bis zum vierten Geburtstag. Ich finde es dennoch sehr wichtig, diesen wissenschaftlichen Ansatz zu erwähnen, damit du dir wirklich eine für dich stimmige eigene Meinung bilden kannst.)

3) Es ist wichtig, bei Einführung der Beikost nicht abzustillen, sondern entsprechend der Empfehlung der WHO weiter zu stillen.

Das Umfeld

Es geht meistens schon los, wenn das Baby gerade vier oder fünf Monate alt ist und die anderen Babys aus der Krabbelgruppe die ersten Gläschen und Breichen bekommen. „Willst du dem nicht mal langsam was Richtiges zu essen geben?"

Es ist ein sehr sehr urtümliches Bedürfnis, zusammen das Gleiche zu essen, aus dem gleichen Wasserloch zu trinken, dem gleichen Rudel zuzugehören. Essen ist uns wichtig, wir definieren oft sogar unsere Gruppenzugehörigkeit über das, was wir essen. Wenn du deinem Kind also „immer noch nur“ die Brust gibst, während die anderen fleißig Breiqualitäten vergleichen, kannst du nicht nur wenig zum Gespräch beitragen, sondern es kann dir sogar passieren, dass dein Umfeld dein Schweigen als Signal der Ablehnung versteht. „Ich entscheide mich, länger zu stillen“ wird oft verstanden als „Du findest das wohl falsch, was ich mache = du findest mich persönlich doof.“ Damit elegant umzugehen ist, zugegeben, nicht immer einfach.

Eine Mutter hat mir geschrieben, wie sie tatsächlich demonstrativ Hipp-Gläschen und Lätzchen in der Küche platziert, wenn Besuch kommt, damit ihre Freundinnen und Bekannten beruhigt sind.

Wie gehst du also damit um? Sei dir vor allem bewusst, dass Fragen in der Regel keinen Angriff darstellen, sondern entweder echtes Interesse oder Verstehenwollen. Die allermeisten Menschen wollen von ihrem Umfeld einfach nur gesehen und angenommen werden. Das gilt auch für die Menschen, die dich fragen, ob dein Kind denn nun allmählich etwas „Richtiges“ isst.

Vielleicht kannst du eine Antwort finden, mit der du nicht lügst, die aber auch den anderen nicht gleich deine ganze „Andersartigkeit“ zumutet. Zum Beispiel kannst du einfach sagen: „Jaja, er isst was Richtiges“ (wer bestimmt schließlich, was richtig ist?) und dann wieder vom letzten gemeinsamen Ausflug sprechen und dadurch auf anderen Ebenen zeigen, dass du „dazugehörst“, dass du dem „Rudel“ gegenüber loyal bist.

Falls dein Kind unter Allergien leidet oder du Allergene möglichst spät einführen möchtest, sollte dein Umfeld natürlich darüber informiert werden – einfach, damit alle Beteiligten wissen, was los ist. Einem ganz kleinen Kind, das sich dazu noch nicht selbst äußern kann, kannst du z.B. ein T-shirt anziehen, auf dem die zu vermeidenden Lebensmittel abgebildet und durchgestrichen sind (gibt es im Internet zu kaufen).

Grundgesund-Baustein 4: Echtes Essen

Der einfachste Weg, ein Kind körperlich gesund großwerden zu lassen, ist, neben dem Stillen als Baby, ihm möglichst lange möglichst gesunde, hochwertige, unverarbeitete Nahrung zur Verfügung zu stellen und ihm – jawohl, ich sage es – die Industrienahrung möglichst lange „vorzuenthalten".

Ganz kurz gesagt:

Übernimm Verantwortung!

Gib deinem Kind naturbelassene Nahrung, die reich ist an Vitaminen und Mineralien.

Einen sehr großen Teil der nach wie vor unumstößlichen Gesundheit meines Sohnes schiebe ich darauf, dass er die ersten zwei Jahre seines Lebens ausschließlich von Rohkost gelebt hat und bis zu seinem vierten Geburtstag absolut zucker-, weizen- und kuhmilchfrei war. Das war nicht immer einfach, und die Verwandtschaft hielt uns schon manchmal für ziemlich schräg, aber es hat sich ausgezahlt.

Entspannt bleiben

Natürlich kam irgendwann der Tag, als er anfing, auch mal bei Freunden Pfannkuchen zu essen, und dann kam irgendwann der Tag, an dem er freudestrahlend nach Hause kam und mir verkündete, wie lecker Fanta wäre. Wir leben in der echten Welt, d.h. mein Sohn kommt durchaus von Nachbarn nach Hause und kennt (und liebt) fortan Dinge aus dem Supermarktsortiment, die ich bis dato nicht einmal kannte, geschweige denn als interessant klassifiziert hätte. Er isst im Wesentlichen, was er möchte (wozu durchaus auch (Bio-)Fertigpizza und Co. gehören). Er bekommt auch unterwegs mal ein Käsebrötchen (ja, genau, diese fiesen, fetttriefenden, überbackenen Dinger) oder gar irgendein klebrigsüßes Bäckerstück. Die krasseste Zeit im Jahr ist immer zwischen Halloween und Fasching, wo der Übergang zwischen der Süßes-oder-Saures-Beute, den geschenkten Weihnachtstellern voller Billigsüßigkeiten und den Bergen von Faschingskamellen fast nahtlos ist. In der Regel bleiben aber zumindest die letzten 20 der dreihundertfünfundneunzig Bonbons dann über Monate liegen und wandern irgendwann in den Müll. Ich halte nicht viel von Dogmatismus.

Ich halte andererseits auch nicht viel davon, den Kopf in den Sand zu stecken und die Augen davor zu verschließen, dass das meiste, das wir heute in Supermärkten als „Lebensmittel“ kaufen können, sehr sehr weit davon entfernt ist, dem Leben zu dienen. Im besten Fall ist es nutzlos, wesentlich öfter ist es schädlich. (Und oft genug nicht nur für uns, sondern auch für unsere Umwelt und unsere Mitgeschöpfe. Würstchen und Co., darauf lege ich allergrößten Wert, gibt es, wenn sie unbedingt verlangt werden, nur von würdig gehaltenen Tieren.)

Insofern sorge ich dafür, dass es bei uns im Haushalt ohne Krampf möglichst naturbelassen zugeht, was das Essen angeht. Ich freue mich wie Bolle, wenn mein Sohn eine Gurke einem Brot vorzieht (was so gut wie immer vorkommt). Er isst locker zwei Gurken zum Abendessen, einfach, weil es ihm schmeckt. Wir haben auch nur selten konventionelle Süßigkeiten im Haus, dafür gibt es immer Datteln, Nüsse und Rosinen zum freien Zugriff. Obst und Gemüse wird in beliebigen Mengen gegessen und jeden Morgen gibt es frisch gepressten Saft oder einen frischen Smoothie aus Obst und Grünzeug (z.B. Brennnesseln, Lindenblätter, Weizengras usw.)

Ich versuche einfach, so viel Gutes wie möglich anzubieten und damit die Lust und das Bedürfnis nach Minderwertigem möglichst gering zu halten. Bisher funktioniert das ganz gut.

Wie krieg ich Rohkost ins Kind?

Mit gespielter Verzweiflung sagte eine Mutter, der ich davon erzählte, zu mir: „Ich wüsste gar nicht, wie ich Rohkost in dieses Kind reinkriegen sollte“, als ihre eineinhalb Jahre alte Tochter das durchgekaute Möhrenstückchen wieder ausspuckte.

Wenn ein Kind nicht von Anfang an Rohkost gewöhnt ist, kann das in der Tat ein paar Tricks erfordern. Solange die „Tricks“ wirklich *Tricks* sind und kein krampfhaftes Richtigmachenwollen, ist das auch vollkommen in Ordnung. Also, wie geht‘s los?

1. Ich würde generell eher mit Obst als mit Gemüse anfangen, weil das dem kindlichen Bedürfnis nach Süßem entgegen kommt.

2. Es ist sinnvoll, wenn die Speisen eine Konsistenz haben, die das Kind mag und an die es gewöhnt ist: Ein Breikind mag vielleicht gern Obstbrei, ein Fingerfood-Kind isst die Banane lieber so.

3. Lass dein Kind aussuchen. Es kann sein, dass es eine Wahl trifft, auf die du im Leben nicht gekommen wärst. Wer weiß, vielleicht beißt es es genüsslich in eine rohe Zwiebel?

4. **Essen ist Genuss und kein Krampf und Kampf!** Genieße du das, was du deinem Kind schmackhaft machen möchtest. Und zwar deswegen, weil *du es genießt* und nicht nur als Trickserei. Wenn du begeistert ausrufst „Hm, ist das lecker“, während sich dir in Wirklichkeit der Magen umdreht, ist das nicht sehr überzeugend für dein Kind.

5. Wenn du tiefer ins Thema einsteigen willst, findest du im Anhang weitere Informationen.

6. Sieh zu, dass euer Essen grundsätzlich möglichst „echt“ ist, auch wenn du nicht auf den Rohkost-Zug springen möchtest. Kauf keine „Kinder-Lebensmittel“, die vor Zucker und

Chemikalien nur so strotzen. Koch selbst, back selbst, bau vielleicht selbst etwas Obst und Gemüse im Garten oder auf dem Balkon an.

Was ist im Essen?

Wenn es darum geht, ob und inwieweit Eltern das Essverhalten ihrer Kinder kontrollieren sollten, gehen die Meinungen weit auseinander. Ich bin in der Regel eine entschiedene Vertreterin von „Vertrau deinem Kind und der Natur" und ich kann Kontrolle überhaupt nicht leiden.

Wenn es direkt und unmittelbar um die Gesundheit (m)eines Kindes geht, bin ich allerdings gewillt, von diesen hehren Prinzipien ein wenig abzurücken. Sprich: Ja, ich kontrolliere bis zu einem bestimmten Punkt, was zuhause gegessen wird. Einfach, indem ich nur das kaufe, was ich für richtig halte. Etwas anderes steht nicht zu Auswahl (es sei denn, ein anderes Familienmitglied begleitet mich zum Einkaufen und belädt den Wagen entsprechend). Jede Wolfsmama, jede Affenmama, jede Giraffenmama würde mit mir übereinstimmen. Sie alle würden ihre Jungen auch nur das fressen lassen, was für die Kleinen gut ist.

Wir sollten uns bewusst sein, dass es ein arg unfairer Kampf ist, wenn wir unsere Kinder mit ihren unschuldigen, reinen Körpern ausschließlich selbst entscheiden lassen, was sie essen. Denn auf der anderen Seite der Arena stehen millionenschwere Konzerne, die Tausende von Mitarbeitern gut dafür bezahlen, gezielt unsere Instinkte zu unterlaufen und möglichst minderwertiges Essen in möglichst großen Mengen in uns reinzutricksen.

Es hört sich nett und freigeistig an, Kinder beim Essen nicht kontrollieren zu wollen, aber ich finde es schlicht unfair, sie auf Kosten ihrer Gesundheit dieser Übermacht von Marketing und Manipulation auszuliefern.

Das Essen in den Supermarktregalen ist voll von Zuckern, Aromen, Geschmacksverstärkern und Zusatzstoffen, die uns süchtig, fett und krank machen.

Außerdem mangelt es ihm an wirklich wichtigen Nährstoffen, Mineralien und Vitaminen. Die Böden, auf denen das konventionell angebaute Gemüse, Obst, Getreide etc. wächst, sind ausgelaugt und enthalten längst nicht mehr alles, was unsere Kinder für eine gesunde Entwicklung brauchen – was wir Menschen überhaupt brauchen, um gesund zu bleiben. Es ist deswegen nicht schlimm, da etwas nachzuhelfen. „Nahrungsergänzungsmittel“ sind pauschal in Verruf geraten, aber es ist wichtig, dabei zu differenzieren. Künstliche Vitamine in Gelatinekapseln sind sicherlich auch nichts, wofür ich mich stark machen würde. Aber von echter Kraftnahrung in Form von z.B. grünen Smoothies oder frisch gepressten Obst- und Gemüsesäften mit Weizengras, Mikroalgen oder anderen „Superfoods“ kann ein kleiner (und großer) Organismus nur profitieren.[vii]

Faustregel: Je wilder, desto besser!

Diese Art der „Nahrungsergänzung“ ist dazu noch ausgesprochen kostengünstig. Oft reicht ein kurzer Gang in den Garten, um alles zu haben, was du brauchst. Wenn du dir unsicher bist, was von all dem prächtigen Grün dort essbar ist, kannst du dir ein gutes Buch über essbare Wildpflanzen besorgen oder einen Wildpflanzenkurs belegen. (Oder mein demnächst – wobei „demnächst“ in Anbetracht meiner vielen Projekte ein sehr dehnbarer Begriff ist – erscheinendes Minibuch mit kindergeeigneten Rohkostrezepten lesen. ☺)

Grundgesund-Baustein 5: Impfungen

Kaum etwas wird so heiß, so emotional und oft so unsachlich diskutiert wie das Thema Impfen. Und zu kaum einem Thema gibt es so wenig unbelastete Informationen. Ich werde mich hier nicht aus dem Fenster lehnen und eine allgemeingültige Stellungnahme dazu abgeben. Dazu fühle ich mich nicht qualifiziert und dazu ist diese Entscheidung viel zu schwierig und persönlich und die Lebensstile von Familien viel zu unterschiedlich. Vielleicht gibt es dabei nicht einmal ein „richtig" und „falsch". Vielleicht wäre genau das ungeimpfte Kind das gewesen, das einen Impfschaden davongetragen hätte und vielleicht hätte gerade das geimpfte Kind einen Masernschaden davon getragen.

Persönlich war es für uns damals schlicht so, dass wir es uns nicht vorstellen konnten, irgendetwas in diesen perfekten kleinen Babykörper hineinspritzen zu lassen. Natürlich könnte ich behaupten, wir hätten uns eingehend informiert. Und das stimmt auch. Wir *haben* uns eingehend informiert. Aber wir waren hinterher nicht wirklich schlauer, da beide Seiten teilweise unsachlich und in jedem Fall höchst angstbeladen argumentieren. Die tatsächliche Entscheidung, das Baby zumindest im Babyalter nicht impfen zu lassen, hat nur das Bauchgehirn gefällt.

Dennoch würde ich heute im Nachhinein sagen, dass diese Entscheidung wahrscheinlich wesentlich dazu beigetragen hat, dass wir Krankheiten hier so gut wie nicht kennen.

Viele kleine Aussagen in Nebensätzen haben mich zu dieser Überzeugung gebracht. Da war zunächst meine Hebamme, die meinte, Mittelohrentzündungen würden hauptsächlich geimpfte Kinder bekommen, dann eine andere Mutter, die mir von den 3 ungeimpften „Genesungswundern“ in ihrem Mehrfamilienhaus berichtete und letztlich sogar unser Tierarzt, der überzeugend sagen konnte: „Ich sehe ganz klar den Unterschied zwischen den Hunden, wo ich die Impfung ausleite und denen, bei denen ich das nicht tue. Die, bei denen ich es nicht tue, haben dann viel eher nach 2 Wochen eine Ohrentzündung.“

Erst kürzlich wurde eine Studie an kleinen Rhesusaffen vorgenommen, bei der man sie mit ihrem Gewicht und Alter entsprechenden Dosen derselben Impfstoffe impfte, die Menschenbabys bekommen. Die Wissenschaftler der *University of Pittsburgh* in Pennsylvania, die diese Studie durchgeführt hatten, fanden heraus, dass die geimpften Äffchen eine deutliche Tendenz zum Autismus zeigten, wohingegen die ungeimpfte Kontrollgruppe dies nicht tat.[viii]

Wenn dir der Gedanke, dein Kind nicht impfen zu lassen, kalte Schauer des Grauens über den Rücken laufen lässt, lies hier nicht weiter! Überblättere einfach den Rest dieses Kapitels. Lass dein Kind impfen und *lebe glücklich mit der Entscheidung*, es getan zu haben.

Falls ihr, du und dein Partner (bzw. deine Partnerin), die Entscheidung aber noch nicht endgültig gefällt habt, denkt lieber zweimal nach. Recherchiert gründlich, was alles in den Impfstoffen enthalten ist, die in euer Kind gespritzt werden sollen. Und wenn Quecksilber, Formaldehyd und ähnliche Nettigkeiten drin sind, die an Möbeln verboten sind und bei Entsorgung auf dem Sondermüll landen, dann überlegt noch dreimal mehr. Denn wer möchte seinem Baby schon Sondermüll unter die Haut spritzen?

Wenn Ihr euch weder für die eine noch für die andere Seite wirklich erwärmen könnt, sprecht mit eurem Kinderarzt über die Möglichkeit eines alternativen Impfplans, bei dem nur einzelne Komponenten zu einem späteren Zeitpunkt geimpft werden.

Im Anhang findest du auch zu diesem Thema Hinweise für deine weiteren Forschungen.

Antworten in unangenehmen Situationen

Das hier soll kein Ratgeber für rebellische Impfgegner werden. Wie gesagt, ich finde kaum eine Entscheidung schwieriger und ich achte *jede* diesbezügliche Entscheidung sehr hoch. Es ist keine einfache Entscheidung. Wenn du dein Kind nach Plan hast impfen lassen, kannst du dieses Unterkapitelchen einfach überspringen.

Wenn du dich aber entscheidest oder entschieden hast, dein Kind nicht impfen zu lassen, pass bitte im Sinne deines eigenen Wohlbefindens auf, dass du kein Feindbild aufbaust. Die Ärzte, die dich nach den

Impfungen fragen und möglicherweise dazu drängen, *wollen dir nichts Böses.* Sie haben das Wohl deines Kindes im Sinn. Sprich mir nach: *Sie haben das Wohl meines Kindes im Sinn.*

Dasselbe gilt für die Kindergartenleitung, den Lehrer und alle anderen Personen, die Interesse an eurem Impfpass zeigen. Sie alle haben das Wohl deines Kindes im Sinn und finden eure Entscheidung wahrscheinlich im besten Fall höchst exotisch.

Kindergarten/Schule: „Wir brauchen den Impfpass."

Die beste Antwort hier ist schlicht, einfach und ehrlich: „Wir haben keinen." Schließlich habt ihr noch eine Weile miteinander zu tun und für eventuell auftretende unklare Situationen solltest du lieber von vornherein die Karten aufdecken. Auf Klassenfahrten kannst du deinem Kind einen Zettel mit der Aufschrift „Statt Impfpass" mitgeben, auf dem eure Telefonnummern notiert sind und ein Vermerk, im Zweifelsfall bei euch nachzufragen.

Bei Leuten, die du nie wieder siehst: „Haben Sie den Impfpass mit?"

„Nein. Leider nicht."

„Aber sie hat ausreichend Impfschutz?“
„Naja, da geh ich mal davon aus!“
„Also hat sie alle Impfungen, die sie haben muss?“
„Ja. Sie hat alle Impfungen, die sie haben muss.“

Das kannst du sagen ohne rot zu werden. Wir haben in Deutschland keine Impfpflicht. Auch wenn es nicht geimpft ist, hat dein Kind alle Impfungen, die es haben *muss*.

Du kannst das freundlich und neutral sagen. Denk einfach immer wieder daran, dass es im Augenblick für die meisten Menschen völlig selbstverständlich ist, sich und seine Kinder regelmäßig impfen zu lassen.

Wirkliche inhaltliche Diskussionen sind in aller Regel fruchtlos, es sei denn, ihr beide, du und dein Gesprächspartner, beherrscht wirklich die Kunst des respektvollen Austauschs. Sobald einer versucht, den anderen von seiner Meinung überzeugen zu wollen, ist dieser Austausch nicht mehr gegeben.

Meist treffen dazu noch zwei völlig verschiedene Denkwelten aufeinander, die ohnehin schwer miteinander vereinbar sind. Auf der einen Seite stehen dabei Menschen, die sich gut und wohl fühlen damit, die Verantwortung in die Hände äußerer Autoritäten zu legen und auf der anderen Seite finden wir Menschen, die die Dinge gern selbst regeln und verantworten. Das eine ist nicht besser als das andere. Beides hat seine Berechtigung. Wo du stehst, kannst nur du selbst wissen und entsprechend handeln.

Impfausleitungen

Falls du dein Baby nach bestem Wissen und Gewissen hast impfen lassen und diese Entscheidung inzwischen anzweifelst, schlage ich vor, dass du

1) dich nicht verrückt machst, sondern anerkennst, dass du nach bestem Wissen gehandelt hast,
2) dich um einen guten Naturheilarzt kümmerst, der sich mit Impfausleitungen (entweder durch Bioresonanz oder durch Homöopathie) auskennt,
3) in allen anderen Bereichen dafür sorgst, dass die Gesundheit und Widerstandskraft deines Kindes optimal gefördert werden.

Grundgesund-Baustein 6: „Abhärtung"

Ein weiterer Grundgesund-Baustein ist die Schulung des körpereigenen Temperaturausgleichs, kurz „Abhärtung". Wobei ich dieses Wort lediglich deshalb benutze, weil es allgemein verständlich ist, weniger deswegen, weil ich es besonders gern mögen würde. Kleine Kinder zu „harten Kerlen" machen ist ganz bestimmt nicht das, was ich hier meine.

Nicht zu warm anziehen

Kleinstkinder im Kinderwagen, die im Sommer mit Mützchen und Jäckchen unter dicken Daunendecken im Kinderwagen liegen, sind keine Seltenheit. Dreijährige laufen bei 15°C mit dicken Jacken herum, wenn selbst büroverweichlichte Erwachsene darin schwitzen würden. Wir – als Gesellschaft – neigen dazu, unseren Nachwuchs aus Angst vor „Erkältungen" gnadenlos zu verpäppeln.

Wir brauchen das nicht zu tun. Im Gegenteil. Es geht unseren Kleinen viel besser, wenn wir sie nicht zu warm anziehen. Wenn wir ihnen nicht bei strahlendem Sonnenschein noch eine Mütze aufsetzen. Bei ganz winzigen Kindern kann man gut erkennen, ob sie warm genug sind, wenn man ihnen den Nacken fühlt. Ist der Nacken warm, ist alles gut. Lasst sie raus! Lasst sie barfuß gehen!

Ich kann nur empfehlen, einem Kind so gut es geht von Anfang an die volle Wahlfreiheit bei der Kleidung zu lassen. Wenn es im Sommer eine lange Hose anziehen möchte – fein. Wenn es im Herbst im T-Shirt rausgeht – ebenso fein. Solange es das eigene Empfinden für die angenehme Temperatur wahrnehmen lernt, kann dabei wenig schiefgehen.

Jedenfalls kann ich – nicht besonders repräsentativ, das weiß ich – aus meinem eigenen Umfeld sagen, dass sämtliche Kinder, denen mit Jacken und Mützen hinterher gelaufen wird, im Durchschnitt wesentlich öfter krank sind als die, die selbst entscheiden, was sie anziehen. Ich weiß nicht, was zuerst da war: das verfrorene Kind oder die Dauerbemützung. Es wäre überaus anmaßend von mir anzunehmen, dass meine Beobachtung allgemeingültig sei. Falls dich aber bei diesen Sätzen das Gefühl beschleicht, dein Kind ein bisschen verpäppelt zu haben und du das ändern möchtest – nur zu.

Natürlich ist hier, wie überall, Achtsamkeit gefordert. Es gibt wärmebedürftigere Kinder und solche, die es nicht sind. Eine kleine Zitterbacke oder einen kleinen Mützenfan wegen einer Idee aus einem Buch ohne Jacke oder Mütze hinaus zu schicken, ist natürlich unsinnig. Wieder gibt es kein Patentrezept außer: wach sein. Aufmerksam sein. Den Wärmehaushalt des eigenen Kindes kennen(lernen). Auf dein Kind und deine Wahrnehmung hören.

Wenn das Kind schon im Brunnen ist

Was aber tun, wenn ein Kind sowieso schon kränklich ist?

In dem Fall ist es klug, die Abhärtung ein wenig nach hinten zu verschieben. Der Ehekrise-Husten meines Sohnes war die einzige Zeit, in der ich engagiert und jackeschwenkend hinter ihm hergerufen habe, wenn er wieder einmal bei polaren Temperaturen im T-Shirt nach draußen lief.

„Erkältungen" entstehen nicht durch Kälte, sondern dadurch, dass die Körperabwehr nicht mehr funktioniert. Ein wesentlicher Teil der Körperabwehr ist die Lymphflüssigkeit, die, einfach gesagt, den Dreck aus den Zellen transportiert. Dabei hilft ihr Wärme. Daran hindert sie Kälte.

Bei einem kränklichen Kind würde ich mehrere Dinge tun:

1) Einen guten Naturheilarzt aufsuchen und zusehen, dass ich (neben von ihm ggf. angeordneten Untersuchungen) mit seiner Hilfe den kleinen Darm auf Trab bringe, damit die Ausscheidung von Giftstoffen und die Aufnahme von Nährstoffen optimiert werden.

2) Konsequent mindestens bis zur völligen Genesung sämtliche Weizen- und Kuhmilchprodukte aus der Ernährung des Kindes (oder ggf. der stillenden Mutter) streichen

3) Dem Kind (oder ggf. der stillenden Mutter ☺) täglich frisch gepressten Bio-Möhrensaft und möglichst auch grünen Smoothie zu trinken geben.

All die großartigen Nährstoffe aus dem Saft können am besten aufgenommen werden, wenn auch noch das dazu kommt:

Bewegung an der frischen Luft

Die Überschrift sagt es eigentlich: Lasst sie raus! Lasst sie auf Bäume klettern, dreckig werden, sich die Knie aufschlagen und frei und wild und wunderbar leben.

Vielleicht hast du Lust auf einen kleinen Selbstversuch: Bleib eine Woche lang bis auf die notwendigsten Gänge im Haus und beweg dich nur wenig. Geh danach eine Woche lang viel raus, bei Wind und Wetter. Am besten in die Natur. Beweg dich dort. Spiel mit deinem Kind Fangen oder probier, ob du noch auf dieselben Bäume klettern kannst, die du als Kind erklommen hättest. Aller Wahrscheinlichkeit nach wirst du feststellen, dass dein Körper sich während der Frischluft-Woche viel jünger, vitaler, gesünder – und glücklicher – anfühlt als während der Stubenhocker-Woche.

Deinem Kind geht das genauso. Seine Zellen jubeln, wenn sie mit Sauerstoff und Sonnenlicht geflutet werden.

Grundgesund-Baustein 7: Lebensbelastungen anpassen

Im Vergleich zu Kindern in der sogenannten „Dritten Welt", die in jungen Jahren schon auf Feldern und in Steinbrüchen schuften, haben unsere Kinder nicht viel auszuhalten. Auch im Vergleich mit früheren Generationen geht es ihnen gut. Insofern hebt sich vielleicht die eine oder andere kritische Augenbraue, wenn ich von „Lebensbelastungen" spreche.

Ich benutze diesen Begriff dennoch ungeniert, weil ich mir sehr sicher bin, dass auch Großstadtleben, Vorfälle in Kindergarten oder Schule, Scheidung, Krankheiten und viele andere Dinge ein kleines Kind so aus dem Takt bringen können, dass es davon krank wird. Bei jedem Kind ist die Schwelle woanders. Deswegen ist es wichtig, in diesem Punkt wirklich wach und achtsam zu sein, auf die Signale des Kindes zu achten und die Lebensbelastungen, wenn es irgend geht, an die Belastungsfähigkeit des Kindes anpassen.

Jedes Kind reagiert anders auf Überlastung oder Lebensumstände, mit denen es ihm nicht gut geht. Diese Reaktion kann zum Beispiel sein:

- Überangepasstheit
- übermäßiger Bewegungsdrang
- in Schule/Kindergarten stören und Spiele anderer kaputtmachen
- in sich zurückziehen
- Weinerlichkeit
- Aggression
- „zu altes" Verhalten (z.B. übermäßige Coolness)
- und eben körperliche Krankheiten

Unter Umständen kann es sich lohnen, auch genau hinzusehen, mit welcher körperlichen Krankheit ein Kind die Schräglage in seinem Leben oder in eurem Familiensystem ausdrückt. So kann es zum Beispiel sein, dass dein Kind Bauchschmerzen hat, weil es sich nicht geborgen fühlt. Ebenso ist es möglich, dass es hustet und fiebert, weil die Eltern in der Partnerschaft gerade viele unausgesprochene Dinge zu bearbeiten haben.

Falls du dich mit dem Thema beschäftigen möchtest, kann ich dir noch einmal das kleine Büchlein *Heile deinen Körper* von Lousie Hay ans Herz legen. Auch Rüdiger Dahlke beschreibt in *Krankheit als Weg*, welche Botschaften der Psyche uns körperliche Krankheiten geben können.

Wenn ein Kind in deinem Leben zeigt, dass seine Lebensumstände nicht stimmen, scheu dich nicht zu handeln, auch gegen den gesellschaftlichen Strom. Lass es einige Tage aus der Schule zuhause und geh statt dessen mit ihm in den Wald. Trage auch dein 5jähriges Kind noch ungeniert in der Rückentrage zum Kindergarten, wenn es das wünscht – egal, was „die Leute" sagen. Lade deinen 9jährigen ein, wieder einige Zeit im großen Bett zu schlafen. Fördere einfach deine eigene „Funktion" als sicherer Hafen – und zwar konsequent.

Fragen und Missverständnisse

„Aber sind Krankheiten nicht auch wichtig für die Entwicklung?"

Meiner Erfahrung nach: Jein.

Ja, weil ich es für wenig sinnvoll erachte, Krankheiten zu dämonisieren. Sie sind nichts Schlechtes. Sie können uns als Fingerzeige dienen. Wenn sie auftauchen, können wir schauen, warum sie auftauchen und die Ursache eliminieren. Das allein setzt in der Regel schon eine positive Entwicklung des gesamten Familiengefüges (und damit auch des kranken Kindes) in Gang.

Nein, weil ich der festen Überzeugung bin, dass die allermeisten Krankheiten durch unser „zivilisiertes" Leben mit allem, was es mit sich bringt, hausgemacht sind und durch entsprechendes Verhalten, freundliche Beziehungen und gutes Essen von vornherein vermeidbar gewesen wären.

„Das ist ja mal ein bisschen weit hergeholt. Wenn ein Kind krank ist, ist es krank und braucht Ruhe, Liebe und Medizin."

Es steht dir frei, das so zu sehen. Ich weiß nicht, ob meine Sichtweise „richtig" ist. Ich weiß nur, dass sie funktioniert.

Wenn ein Kind krank ist, braucht es Ruhe. Ob es aber tatsächlich so oft Medizin braucht, wie Medizin verabreicht wird, darüber lässt sich trefflich streiten. Die Natur hat selbst Verteidigungsmechanismen entwickelt, z.B. Fieber gegen Viren. Fiebersenker nehmen dem Körper seine Waffe.

Meine Erfahrung ist, dass man ohne Medikamente ganz hervorragend leben kann, wenn man die Ideen aus diesem Büchlein befolgt.

Medikamente kurieren nur Symptome, räumen in der Regel aber nicht die Ursache der Krankheit aus, sei es eine gestörte Darmflora (die durch Antibiotika noch mehr gestört wird) oder eine seelische Belastung. Insofern ist der Erfolg von Medikamenten immer nur zeitlich begrenzt.

Die Sonne ist die Universalarznei
aus der Himmelsapotheke .

(August von Kotzebue)

Zum Schluss

Wenn du dieses Büchlein gleich zur Seite legst, kannst du dir vornehmen, Schritt für Schritt immer mehr Gesundheits-Bausteine in euer Leben zu integrieren. Mit der Zeit wird das ganz selbstverständlich und du musst darüber nicht mehr nachdenken.

Du bekommst mit etwas Übung ebenso ins Gefühl, ob es an der Zeit ist für einen Kuschel-Vorlese-Nachmittag im großen Bett oder für die morgendliche Karottensaft-Kur, wie du vielleicht bisher überlegt hast, ob es nicht mal wieder Zeit für einen Arztbesuch ist.

Lass es langsam angehen und verändere nicht gleich so viel, dass du von deinem eigenen Tempo überholt wirst. Es muss für dich stimmen.

Dir und deiner Familie wünsche ich ein strahlend gesundes Leben!

Da es sehr förderlich für die
Gesundheit ist, habe ich
beschlossen glücklich zu sein!

(Voltaire)

Weiterführende Literatur

Familiäres Umfeld/seelische Gesundheit

Renz-Polster: Menschenkinder
Juul: Das kompetente Kind
Louise Hay: Heile deinen Körper
Rüdiger Dahlke: Krankheit als Weg

Schwangerschaft und Geburt

Bücher

Baader, Birgit: Geburt – Die Wiederentdeckung des weiblichen Weges
Gaskin, Ina May: Die selbstbestimmte Geburt
Odent, Michel: Geburt und Stillen
Leboyer, Fréderic: Geburt ohne Gewalt
Harms, Thomas (Hrsg.): Auf die Welt gekommen

Videos

Birth Into Being
Inner Strength – Die Kraft in mir

Stillen und Erstes Lebensjahr allgemein

Bücher:

Guóth-Gumberger u. Hormann: Stillen
Dibbern, Julia: Geborgene Babys
Imlau, Nora: Crashkurs Baby

Adressen:

www.afs-stillen.de
www.lalechliga.de

Rohkost

Bücher:

Walker, Dr. Norman: Täglich frische Salate erhalten ihre Gesundheit
Walker, Dr. Norman: Frische Obst- und Gemüsesäfte
Wiegand, Stefanie: Das Rohkochbuch
Hochstrasser, Urs: Rohkost – die lebendige Nahrung
Reinle-Carayon, Nelly: Rohköstlich

Adressen:

Das Internet ist voll von den unterschiedlichsten Angeboten zum Thema Rohkost.

Zunehmend hält auch in der deutschen Rohkost-Szene die Leichtigkeit und Freude Einzug, von der diese Bewegung im angelsächsischen Raum beherrscht wird.

Halte einfach die Augen offen, was für dich stimmig ist und was nicht, wenn du die Suchmaschine betätigst.

Impfungen

Bücher:

Graf, Friedrich: Die Impfentscheidung
Hirte, Martin: Impfen pro und kontra
Graf: Nicht impfen, was dann?

Quellen

i. siehe auch: Walker, Norman W:
- Frische Frucht- und Gemüsesäfte
- Täglich frische Salate erhalten Ihre Gesundheit

ii. persönliche E-Mail

iii. siehe auch http://www.familie-ist-zukunft.de/seite/wp-content/uploads/2012/04/boehm-faz-040412.pdf

iv. Louise Hay: *Heile deinen Körper*.
Auch von dem Buch *Krankheit als Weg* von Rüdiger Dahlke habe ich Gutes gehört.

v. siehe auch http://www.lalecheliga.at/index.php?option=com_content&view=article&id=38&Itemid=53

vi. http://www.rabeneltern.org/index.php/wissenswertes/ernaehrung-wissenswertes/1367-stillen-beikost-und-allergievorbeugung

vii. mehr zu der wohltuenden Wirkung frischer Säfte in den Büchern von Dr. Norman W. Walker:
- Frische Frucht- und Gemüsesäfte
- Täglich frische Salate erhalten Ihre Gesundheit

viii. Siehe
www.naturalnews.com/035787_vaccines_autism_monkeys.html

Die Autorin

Julia Dibbern ist Expertin für geborgene Babys, geborgene Kinder und alles, was damit zusammenhängt. Seit 2004 hat sie einen Namen in der stetig wachsenden Bewegung, die sich für einen artgerechten, liebevollen Umgang in der Familie einsetzt.

Besonders am Herzen liegen ihr:

- Familienleben in einer sich schnell wandelnden Welt
- die neuesten Erkenntnisse der Entwicklungspsychologie und Hirnforschung

- Alternativen im Bildungwesen
- ganzheitliche Gesundheit für das „Raumschiff Erde“ und seine Bewohner

Sie lebt mit ihrer Familie vor den Toren Hamburgs.

Julias Website mit weiteren Informationen und Gratisangeboten ist:

www.juliadibbern.de